Pettersson und Findus™

Meine ersten Experimente und Erfindungen

KARIBU

Möchtest du auch immer wissen, wie etwas geht und warum etwas geschieht? Der kleine Findus, der mit dem alten Pettersson und einer Schar vorlauter Hühner auf einem gemütlichen Bauernhof in Schweden lebt, liebt es jedenfalls, wenn Pettersson in seiner Werkstatt an Erfindungen herumtüftelt und für Findus lustige Dinge bastelt und baut. Und durch genaues Beobachten und Fragen findet der neugierige Kater vieles über die Natur und ihre Gesetze heraus, ohne die unsere Welt nicht die wäre, die sie ist …

Naturgesetze

Wenn Wissenschaftler – das sind Menschen, die wie Detektive alles genau erforschen – die Welt beobachten, stellen sie ganz viele Fragen danach, warum in der Natur Sachen ganz von allein passieren und andere nur, wenn wir als Menschen eingreifen. Warum fließt Wasser den Berg runter und nicht rauf? Warum ist Eis fest und wieso kann ein Schiff schwimmen? Aus den Antworten auf diese Fragen lernen wir ganz viel über die Natur und ihre Gesetze.

Alle Experimente, Erfindungen und Basteleien kannst du ganz leicht und mit wenigen Utensilien nachmachen. Bei manchen Sachen sollte dir ein Erwachsener helfen – zu mehreren macht es sowieso gleich mehr Spaß als allein.

Ein **Experiment** ist ein Versuch, bei dem du ausprobierst, ob deine Idee oder Vermutung richtig ist.

Inhalt

Was ist Luft?

Wenn Menschen oder Katzen zum Mond fliegen wollen, brauchen sie einen Sauerstoffhelm – denn ohne den kann man auf dem Mond nicht atmen. Luft, die wir zum Leben brauchen, ist bei uns auf der Erde überall um uns herum, auch wenn wir sie nicht sehen, nicht riechen, nicht schmecken und nicht anfassen können.

Auch Feuer braucht den Sauerstoff in der Luft. Steht die Kerze unter einem Glas, erlischt die Flamme ganz schnell, weil der Sauerstoff aufgebraucht ist.

Hat Luft Kraft?

1. Blase einen Luftballon auf und lasse die Luft wieder heraus.
2. Lege ein etwas größeres Auto auf einen Tisch und den Ballon unter das Auto (aber nicht unter die Räder). Die Öffnung zum Reinpusten muss an der Tischkante sein.
3. Blase den Ballon auf. Was passiert?

▶ Das Auto lässt sich ganz leicht hochheben! Genauso funktionieren Maschinen mit Druckluft – viele Wagenheber nutzen die Kraft der Luft, sodass sich riesige Autos ganz einfach anheben lassen.

Luft ist immer da und braucht Platz!

Ist Luft nichts?

Luft besteht aus vielen kleinen Teilchen – den Molekülen –, die wir nicht sehen können. Die wichtigsten dieser Moleküle sind Stickstoff, Sauerstoff und Kohlendioxid.

1. Fülle eine Glasschüssel zur Hälfte mit Wasser.
2. Drücke ein leeres Trinkglas mit der Öffnung nach unten in die Wasserschale.

▶ Das Glas bleibt auch unter Wasser scheinbar »leer«. Im Glas ist also nicht nichts, sondern Luft.

Die Kraft der Sonne

Bekommst du genauso schlechte Laune wie Pettersson, wenn es tagelang in Strömen gießt? Zum Glück hört der Regen irgendwann auch mal wieder auf. Und wenn die Sonne dann noch hinter den Wolken hervorblitzt – dann ist alles wieder gut. Wenn die Sonne nicht scheinen würde, dann wäre die Erde eine Eiswüste ohne jegliches Leben.

Die Sonne ist ein Stern und kein Planet.

Feuer aus Sonnenlicht

1. Lege ein Blatt Papier im Freien auf einen Steinboden.
2. Halte eine Lupe so über das Blatt, dass die Sonne direkt durch die Linse scheint.
3. Halte die Hand ruhig. Nach einer Weile beginnt das Blatt zu qualmen.

▶ Der Lichtfleck, den die Lupe auf das Papier produziert, ist heller als die Umgebung. Heller bedeutet: mehr Licht. Mit der Lupe hast du die Sonnenstrahlen konzentriert, also gebündelt. Und weil die Sonne nicht nur hell, sondern auch warm ist, hast du auch Hitze gesammelt – genug, um ein Feuer zu entfachen.

Jetzt weißt du, warum ein paar Scherben einen Waldbrand auslösen können, oder?

Wie wärmt die Sonne?

1. Nimm 2 Becher. Fülle einen mit Wasser, einen mit Erde.
2. Stelle nun beide Becher ein paar Stunden in die Sonne.
3. Miss die Temperatur in den beiden Bechern. Was passiert?

▶ Die Erde ist viel wärmer als das Wasser. Das liegt daran, dass die Erde die Sonnenstrahlen »schluckt«. Das Wasser wiederum speichert die Wärme besser. Wenn du also morgens vom Strand in den See rennst, ist der Sand kalt, aber das Wasser angenehm warm von den sonnigen Tagen davor.

Hell und dunkel

Nachts ist es nicht nur dunkel und kälter – auch die Geräusche sind ganz andere als am Tag. Wenn du im Garten zeltest, nimm eine Taschenlampe mit, um deine Umgebung zu erforschen. Und am Morgen kitzelt dich die Sonne mit ihren wärmenden Strahlen wach. Licht ist nie einfach so da. Es gibt immer eine Lichtquelle, die Helligkeit erzeugt.

Kratzbilder

1. Male eine weiße Pappe mit Wachsmalstiften bunt an, gern in mehreren Schichten.
2. Male nun mit einem Pinsel mit schwarzer Deckfarbe darüber. Gut trocknen lassen!
3. Jetzt kannst du mit einem dünnen Holzstäbchen Muster, Formen und Namen freikratzen.

Braucht die Pflanze Licht?

Pflanze dreimal Kürbissamen ein:

1. einmal am Fenster,
2. einmal deckst du einen Karton darüber, der an einer Seite ein Loch hat,
3. einmal einen geschlossenen Karton.

Warte ein paar Tage. Wie wachsen die Kürbisse?

▶ Die Pflanze am Fenster beugt sich zum Licht. Und auch die Pflanze in dem Karton mit Loch reckt sich in die Richtung, aus der das meiste Licht in den Karton fällt. Der Keimling ohne Licht sieht blass und verkümmert aus.

Funkelnde Sterne

1. Loche schwarzes Tonpapier (wenn du es knickst, kannst du auch in die Mitte Löcher machen).
2. Stecke das Papier in einen weißen Umschlag und leuchte in einem hellen Raum mit einer Taschenlampe den Umschlag von hinten an. Was passiert?
3. Verdunkele den Raum und leuchte noch einmal. Im Dunkeln siehst du die »Sterne« viel besser!

▶ Genauso ist es mit den echten Sternen: Am Tag sind sie da, aber wir sehen sie nicht, weil die Sonne so hell ist. Erst in der Nacht funkeln die Sterne am Himmel.

Klebe das gelochte Papier von innen in ein Einmachglas und lege eine Lichterkette hinein – fertig ist dein selbst gemachtes Nachtlicht!

Farben

Farben sind eine Eigenschaft des Lichts – trotzdem sieht das Sonnenlicht für uns weiß aus. Aber in ihm stecken alle Farben! Denn es verbreitet sich in unterschiedlich langen Lichtwellen, fast so wie Wellen im Meer. Jede Farbe hat eine eigene Lichtwelle.

Das satte Grün der Wiesen, das knallige Blau des Himmels, das strahlende Gelb der Sonne, das leuchtende Rot der Schnäbel von schnatternden Hühnern – unsere Welt ist kunterbunt. Wir nehmen Farben mit unseren Augen wahr. Und um sie sehen zu können, brauchen wir Licht.

Fruchtlinsen-Regenbogen

1. Verteile die bunten Fruchtlinsen in einem Kreis auf einem Teller.
2. Gieße langsam warmes Wasser über den Teller. Was passiert?

Und noch ein Regenbogen

1. Fülle eine Schale mit Wasser.
2. Lehne einen Spiegel an eine schmale Wand hinter der Schale.
3. Leuchte jetzt mit einer Taschenlampe auf das Wasser, sodass der Lichtstrahl einen Teil des Spiegels trifft.
4. Halte nun ein weißes Blatt vor den Spiegel. Was passiert?

▸ Auf dem Papier erscheinen die sieben Farben des Regenbogens! Regenbogen entstehen, wenn Sonnenlicht von Wassertröpfchen in der Luft reflektiert wird. Das Licht wird an den Tropfen gebrochen – und kommt dann bei uns im Auge bunt an.

Was ist Wasser?

Ob Angeln oder Schwimmen im See oder mit einem Ski über pudrigen Schnee die Hügel hinabsausen: Wasser bringt Spaß in jeglicher Form. Es ist eine Flüssigkeit ohne Geruch und ohne Geschmack. Nur das Wasser im Meer schmeckt salzig. Wasser gibt es in Flüssen und Bächen, in Seen und im Meer – und bei uns auch aus dem Wasserhahn.

Ohne Wasser gäbe es kein **Wetter**. Die Sonne erwärmt das Wasser an Land und im Meer, bis es als Wasserdampf in den Himmel aufsteigt – das sind winzige Tröpfchen, die in die Luft fliegen! Dort kühlen sie ab, werden wieder flüssig und bilden eine Wolke. Dann fallen sie als Regen oder Schnee wieder zurück auf die Erde.

Du kennst Wasser in drei Formen:

Wasser
– flüssig –

Eis
– fest –

Wasserdampf
– gasförmig –

Ohne Wasser könnten Menschen, Tiere und Pflanzen nicht überleben, denn wir alle bestehen selbst zum größten Teil aus Wasser.

Was schwimmt und was sinkt?

Ob etwas schwimmt oder nicht, hängt vom Gewicht ab. Aber warum gehen große Schiffe aus Eisen oder Stahl nicht unter? Weil sie innen Hohlräume haben, die mit Luft gefüllt sind. Und Luft ist leichter als Wasser. Riesige Eisberge haben im Innern Lufträume – deshalb schwimmen sie. Auch die Form eines Gegenstands entscheidet, ob er schwimmt.

1. Fülle eine Glasschüssel mit Wasser.
2. Nimm dir Knete und teile sie in zwei gleich große Teile. Forme daraus ein flaches Boot und eine Kugel.
3. Lege zuerst das Boot und dann die Kugel vorsichtig aufs Wasser. Was passiert?

▶ Die Kugel sinkt, aber das Boot schwimmt, weil es eine größere Fläche hat, die auf dem Wasser aufliegt. Das Gewicht der Knete verteilt sich also besser als bei der Kugel.

Probiere auch andere Gegenstände aus – was schwimmt und was sinkt?

Das perfekte Rezept für Seifenblasen!

Du brauchst:
- 400 ml Leitungswasser
- 70 ml Maissirup
- 70 ml Spülmittel
- 4 EL Zucker

Das Wasser mit Maissirup, Spülmittel und Zucker vermischen, alles gut verrühren – fertig! Und wie du Seifenblasen zu tollen Eiskugeln gefrieren lässt, erfährst du auf der nächsten Seite.

Wenn Wasser friert ...

Kühlt Wasser unter null Grad Celsius ab, wird es ganz fest und gefriert zu Eis. Und als Eis verhält sich Wasser ganz anders als die meisten anderen Flüssigkeiten.

Braucht Eis mehr Platz als Wasser?

1. Fülle einen durchsichtigen Becher zur Hälfte mit Wasser und markiere mit Klebeband oder mit Edding, wo das Wasser aufhört. Daran siehst du, welche Höhe das Wasser im Moment hat.
2. Stelle den Becher mit Wasser ein paar Stunden ins Gefrierfach.
3. Hole den Becher heraus und schaue nach, bis wohin das Eis reicht.

▶ Das Wasser geht über die Markierung hinaus, denn: Wasser dehnt sich aus, wenn es gefriert. Gefrorenes Wasser braucht also mehr Platz als flüssiges.

Kristallblasen

Du brauchst:

- Seifenblasenflüssigkeit von Seite 15

Wenn es draußen richtig knackig kalt ist, also deutlich unter 0 °C, kannst du wunderschöne Eiskugeln selbst machen. Stelle die Seifenblasenflüssigkeit für eine Viertelstunde ins Gefrierfach. Dann such dir einen ebenen, kalten Untergrund, auf dem auch ein wenig Schnee liegen darf. Puste die Seifenblase vorsichtig darauf – und es entstehen langsam Kristallmuster auf der gefrorenen Blase.

Wo ist das Wasser?!

Wenn du ein Bild mit Wasserfarben malst, sind die Farben schon nach kurzer Zeit getrocknet. Wo ist das Wasser geblieben?

1. Mische Lebensmittel- oder Wasserfarbe in zwei Schälchen mit etwas Wasser.
2. Bedecke ein Schälchen mit Frischhaltefolie.
3. Stelle die Schälchen auf die Heizung oder in die Sonne. Schau nach einigen Stunden nach, was geschehen ist.

▶ In dem Schälchen ohne Frischhaltefolie ist die Pfütze weg und die Farbe getrocknet. Aber in der anderen Schale ist noch etwas farbiges Wasser. Außerdem ist die Frischhaltefolie mit kleinen farblosen Wassertropfen bedeckt.

Kühlt Wasserdampf in der Luft ab, verwandelt er sich wieder in flüssiges Wasser. Bei dem geschlossenen Schälchen konnte der Wasserdampf nicht in die Luft entweichen.

Menschen und Tiere atmen Wasserdampf aus. Hauche gegen einen Spiegel: Das Wasser aus deinen Lungen, das gerade noch gasförmig war, wird flüssig – es »kondensiert«! Der Spiegel beschlägt und du kannst darauf malen. Auch die Drüsen in unserer Haut produzieren Wasser: Das ist Schweiß.

Wärme und Kälte

Im Winter ist es in dem kleinen Dorf, in dem Pettersson und Findus leben, oft tagelang so kalt, dass die beiden ihre Nasen nicht vor die Tür stecken mögen. Das Wetter hat aber oft eine »gefühlte« Temperatur. Das bedeutet, dass die Temperatur, die wir empfinden, nicht unbedingt etwas mit der wirklichen Gradzahl zu tun haben muss.

Warm oder kalt?

1. Fülle eine Schüssel mit kaltem, eine mit lauwarmem und eine mit warmem Wasser.
2. Tauche deine linke Hand eine Minute in das kalte, deine rechte Hand gleichzeitig in das warme Wasser.
3. Tauche beide Hände in die Schüssel mit dem lauwarmen Wasser. Was passiert?

▶ Deine linke Hand findet es in der Schüssel angenehm warm – die ausgekühlten Finger nehmen die Wärme des Wassers auf. Deine rechte Hand ist aufgewärmt und gibt Wärme ab. Für sie ist das Wasser eher kalt. Es ist also wichtig, welche Temperatur du vorher »erlebt« hast.

Tintenwasser

1. Fülle ein Glas mit kaltem Wasser.
2. Fülle ein zweites Glas mit heißem Wasser.
3. Gib in beide Gefäße ein paar Tropfen Tinte. Was geschieht?

▶ Im wärmeren Wasser verteilt sich die Tinte viel schneller! Je mehr Energie die kleinen Moleküle im Wasser bekommen, desto zappeliger und schneller bewegen sie sich. Und Energie bekommen sie durch Hitze.

Wasser besteht aus ganz vielen winzigen Teilchen. Sie heißen Moleküle.

Fieber

Wenn ein Krankheitserreger in uns eindringt, findet er mit 36 Grad Celsius eine super Temperatur vor, bei der er sich ausbreiten kann. Zum Glück reagiert unser Körper: Fieber vermehrt die weißen Blutkörperchen, die »Körperpolizei« – und die heizt ordentlich ein und die Krankheitserreger kommen ins Schwitzen!

Kraft und Bewegung

Es gibt große, kräftige Tiere, die unglaublich stark sind – und kleine Tiere, die ihnen manchmal mit Köpfchen und Schnelligkeit überlegen sind. Aber was ist eigentlich Kraft?

Die Kraft der Erbse

1. Rühre mit etwas Wasser Gips oder Moltofill in einer Schale zu einer zähen Pampe an.
2. Knete in den Klumpen eine Handvoll ungekochte Erbsen ein und lege ihn auf einen Teller. Nun warte einen Tag ab. Was geschieht?

▶ Wie nach einem Erdbeben zeigen sich Risse und Brüche im Gips. Die Erbsen sind durch das Wasser aufgequollen und haben den Gips gesprengt!

Wenn du etwas hochwirfst, fällt es wieder runter. Diese Kraft heißt Schwerkraft. Ohne sie würden wir und alles um uns herum in der Luft schweben – so wie das im Weltraum der Fall ist. Dort gibt es keine Schwerkraft.

Schweres leicht gemacht!

1. Schiebe oder ziehe ein dickes Buch über einen Tisch. Schwer, oder?
2. Lege nun 6 bis 8 runde Stifte in geringem Abstand zueinander in einer Reihe auf dem Tisch, lege das Buch darauf und ziehe oder schiebe. Was passiert?

▶ Die Stifte drehen sich und schieben das Buch mühelos ein Stückchen vor. Bewegst du das Buch über einen Gegenstand, entsteht Reibung. Und die Reibung des Buches auf dem Tisch ist viel größer als die Rollreibung auf den Stiften.

Ein kleiner Fallschirm

1. Schneide aus einer Tüte oder Folie ein Quadrat aus und loche jede Ecke.
2. Binde je einen Woll- oder Nylonfaden daran und knote sie unten zusammen. Achtung, die Fäden müssen gleich lang sein.
3. An den losen Enden befestigst du nun einen Korken oder ein Stöckchen.
4. Knülle den Fallschirm ein bisschen zusammen, damit er sich beim Fliegen öffnen kann.
5. Stell dich auf eine Treppe oder einen Stuhl – und lass deinen Fallschirm fliegen.

Mit einem Hebel kannst du deine Kräfte steigern.

Magnetismus

Das Huhn Prillan und ihre Freundinnen sind für Findus wie plaudernde Magnete: Ständig glucken sie aufeinander, sie scheinen wie magnetisch voneinander angezogen zu werden. Die Kraft von Magneten kann sehr stark sein!
Magnete können Dinge anziehen, ohne sie zu berühren.

Die schwebende Büroklammer

1. Fülle ein Glas zur Hälfte mit Wasser und wirf eine Büroklammer hinein.
2. Fahre mit einem Stabmagneten von außen am Glas entlang, ohne es zu berühren. Was geschieht?

▶ Die Büroklammer bewegt sich im Wasser und wird mit dem Magnet nach oben gezogen – der Magnet wirkt also durch Wasser und Glas hindurch!

Magnetischer Zauberstab

Du brauchst:
- 1 runden Holzstab
- 1 Ringmagneten aus dem Baumarkt
- Klebeband

1. Mit dem Klebeband befestigst du den Magneten am Ende des Holzstabs.
2. Dann verzierst du deinen Zauberstab mit Glitzerfolie, Aufklebern, Federn und was dir sonst noch Buntes einfällt.

Probiere mal aus: Welche Gegenstände werden von deinem Zauberstab angezogen und welche nicht?

Jeder Magnet hat einen Nordpol und einen Südpol. An den Polen ist die magnetische Kraft am stärksten.

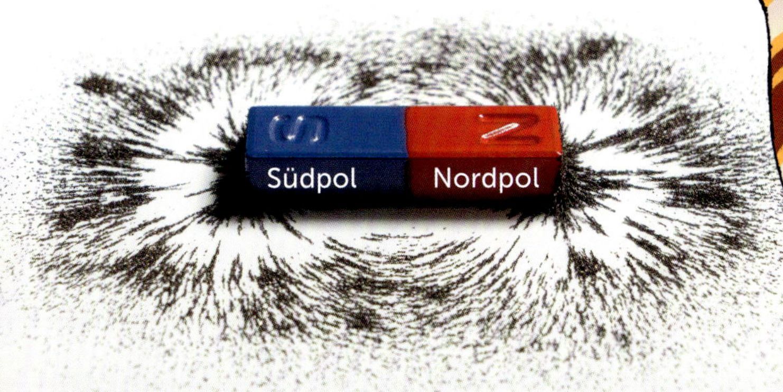

Geräusche und Töne

Die meisten Kinder tanzen für ihr Leben gern – besonders den Erwachsenen auf der Nase herum. Zum „richtigen“ Tanzen brauchst du Musik. Doch wie können wir Musik, Töne und überhaupt Geräusche hören und wie entstehen sie?

Geräusche und Töne entstehen immer dann, wenn zwei Dinge aufeinanderprallen – der Regen, der auf die Erde fällt, oder zwei Hände, die gegeneinanderklatschen. Die zusammenprallenden Körper versetzen die Luft um sie herum in Schwingung. So entsteht der Schall, den wir, wenn er unsere Ohren erreicht, wahrnehmen können.

Geräusch oder Ton?

Einen **Ton** kann man beim Musikmachen einstimmen und benennen, zum Beispiel als Noten und Tonleitern. Einen Ton kann man mitsingen, er ist hoch oder tief.

Geräusche sind nicht genau einzuordnen, denn dabei sind die Luftschwingungen nicht so gleichmäßig.

Schall sichtbar machen

1. Ziehe Frischhaltefolie straff über eine Schüssel und verteile eine dünne Schicht Sand auf der Folie.
2. Halte einen Topfdeckel in die Nähe der Schale und schlage mit einem Kochlöffel gegen den Deckel. Was passiert?

▶ Die Sandkörner hüpfen bei jedem Schlag auf und ab, obwohl du sie nicht berührst! Der Topfdeckel gerät durch die Schläge in Schwingung. Dadurch entsteht Schall. Und der Schall wird über die Luft auf die Sandkörner übertragen.

Das Megafon-Hörrohr

1. Drehe ein Blatt Tonpapier zu einem Trichter und klebe die Längsseite mit Klebeband fest.
2. Halte den Trichter mit der schmalen Öffnung an dein Ohr und halte die breite Öffnung an eine Uhr oder ein Radio – plötzlich ist alles viel lauter! Die große Öffnung des Trichters fängt die Schallwellen auf und leitet sie gesammelt in dein Ohr. Er ist also so etwas wie eine vergrößerte Ohrmuschel.
3. Wenn du den Trichter herumdrehst und in die schmale Öffnung hineinsprichst, passiert das Gleiche: Die Schallwellen werden wieder gebündelt – und deine Stimme wird lauter.

Musik

Wenn du einen Stein ins Wasser wirfst, breiten sich Wellen um ihn herum in jede Richtung aus. Genauso ist es mit der Musik. Musik entsteht, wenn die Luft in Schwingung versetzt wird. Wo keine Luft ist, gibt es keine Töne. Denn die Luft ist das Transportmittel für alles, was wir hören.

Flaschenmusik

Nimm eine Flasche, setze deine Lippen an den Rand und puste.

▶ Es entstehen »Luftverwirbelungen«, die die Luft in der Flasche in Schwingung versetzen – und du machst Musik!

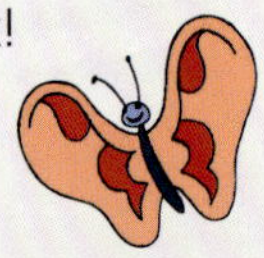

Das Wasserorchester

Fülle einen Messbecher mit Wasser und gib unterschiedlich viel Wasser in vier Gläser. Das fünfte Glas bleibt leer. Nun schlage mit einem Löffel vorsichtig gegen die Gläser. Was passiert?

▶ Jedes Glas klingt anders! Wenn du gegen die Gläser schlägst, geraten sie in Schwingung. Das Wasser jedoch »bremst« die Schwingung. Je mehr Wasser also in einem Glas ist, desto weniger Schwingung: Bei vollen Gläsern ist der Ton tiefer, bei leeren höher.

Strohhalm-Panflöte

1. Nimm ein paar Strohhalme und kürze sie mit einem Lineal auf unterschiedliche Längen.
2. Sortiere sie der Länge nach, lege sie dicht aneinander und umklebe das Ganze mit Klebeband – fertig ist deine Panflöte!

▶ Die Länge des Rohres ist ausschlaggebend dafür, welche Frequenz – also welche Höhe oder Tiefe – der Ton aus der Flöte hat.

Die Frequenz ist die Anzahl der Schwingungen, die du mit deinem Ohr pro Sekunde hörst.

Pflanzen und Natur

Wirst du auch so kribbelig wie Findus, wenn du zu lange im Haus bist? Zieht es dich dann auch nach draußen, wo du lange Ausflüge machen kannst, bei denen du Erdbeeren direkt vom Feld isst, unter schattigen Tannen Pilze sammelst und im Garten Gemüse erntest?

Ohne Pflanzen könnten wir nicht leben: Sie produzieren Sauerstoff, den wir zum Atmen brauchen, und verbrauchen das Gas, das wir ausatmen.

Pflanzen brauchen zum Leben Luft, Wasser und Erde.

Braucht Kresse Erde?

1. Gib in ein Schälchen etwas Watte und befeuchte diese mit Wasser.
2. Verteile Kressesamen auf der Watte, warte ein paar Tage und halte die Watte feucht. Was passiert?

▶ Die Kresse wächst – sie hat Wasser, Licht und Sauerstoff, aber keine Erde. Das liegt daran, dass in Kressesamen ein kleiner Vorrat an Nährstoffen vorhanden ist, sodass sie sich »selbst ernähren«. Später brauchen sie dann aber auch Erde.

Wie trinkt die Blume Wasser?

1. Bitte einen Erwachsenen, eine weiße Blume schräg anzuschneiden.
2. Fülle Wasser in ein Glas und gib Tinte dazu. Falls die Tinte sich entfärbt, füge ein bis zwei Tropfen Essig hinzu.
3. Stecke die Blume in das Glas und lasse sie zwei Tage stehen. Was geschieht?

▶ Das gefärbte Wasser steigt durch den Stängel nach oben in die Blütenblätter – und diese färben sich!

An Blütenblättern kannst du feine Adern sehen. Durch sie wird das Wasser transportiert.

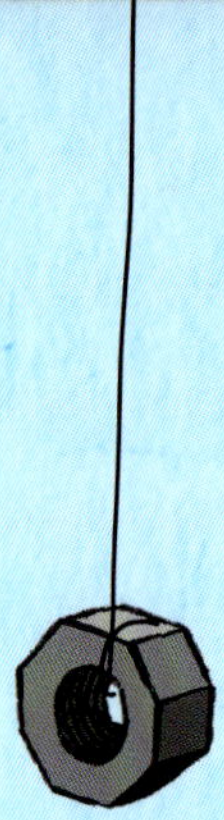

Bildquellen

Impressum

KARIBU – Ein Verlag der Edel Verlagsgruppe

4. Auflage 2026

Projektkoordination, Text und Lektorat:
Steffi Korda, Büro für Kinder- & Jugendliteratur, Hamburg
Layout, Umschlaggestaltung & Satz: Antje Warnecke, nordendesign.de
Druck: optimal media GmbH, Röbel
ISBN: 978-3-96129-072-7
Printed in Germany
www.karibubuecher.de

Redaktionsanschrift:
Edel Verlagsgruppe GmbH,
Kaiserstraße 14b, 80801 München
www.edelverlagsgruppe.de/kontakt
www.karibubuecher.de/kontakt